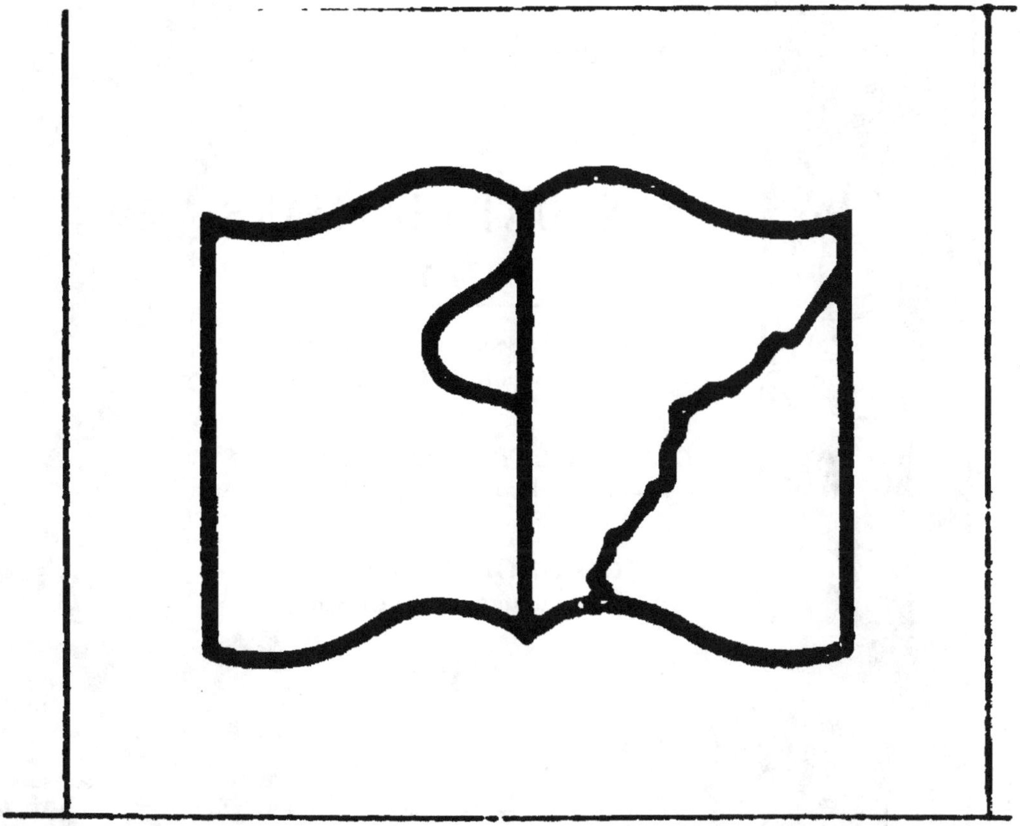

ASSOCIATION
DES
Anciens Élèves du Lycée
DE LYON

BANQUET DU 6 MARS
1887

Président de l'Association : M. I. GILARDIN
Président du banquet : M. COSTE-LABAUME

L'INSTRUCTION OBLIGATOIRE
Pièce en 1 acte par GÉROME COQUARD

GUIGNOL ÉTUDIANT
Pièce en 1 acte par CLAUDIUS CANARD

LYON — IMP. A. STORCK

L'INSTRUCTION OBLIGATOIRE

L'échoppe de Gnafron. — Vieux souliers sur un rayon.— La cage à pie, le baquet à faire tremper le cuir, porte au fond, porte à gauche.

SCÈNE PREMIÈRE

GNAFRON *(seul, retournant un soulier sur la rampe.)*

N'y a pas à dire, le veau s'en va. Je ne sais pas ce qui mettent dedans, ces pilleraux d'escoffiers, y se relâchent à croire qu'ils se nourrissent de leur marchandise. V'la s'une grolle que j'ai rapetassée au moins dix-vuit fois. J'y ai mis de semelles, j'y ai mis de bouts, j'y ai mis de claques; n'y a que mon fil que tienne. Ça n'a pas servi six mois que c'est tout depyandré. Et puis on m'agonit de sottises, les clients prétendent que je ne fais plus que de bouzyage, que je deviens borniclasse, que la lichaison me trouble la vue ! Si on peut bajaffler de s'amputations charogneuses comme ça ! Ah ! il est passé le temps où toutes les deux heures on lâchait la pège en chantant :

> Arrosons-nous la digne, la digne,
> Arrosons-nous la digne du cou !

Oui, depuis que ma fille, Madelon, m'a quitté, je m'a mis au régime pour lui s'acheter un bois de lit en fer le jour de ses noces; c'est tout au plus si je bois mes deux litres par jour, et encore à mes repas. C'est vrai qu'aujourd'hui le vin, c'est comme le veau. Quelle sale drogue ! ça fait regret ! Faudra que j'en porte un demi-setier au dépuratoire municipable. Y a là un mami qui vous dit tout de gô : c'est de la poison. Y z'y mettent tant de fursine, depuis qu'y ont éventé le phyroquéséra, que j'en ai pris la trogne rouge comme une aubergine. A moins que ce ne soye le chagrin que me l'a roussie ! C'te pauvre Madelon, elle a s'eu honte de vivre sans rien faire que la soupe de son p'pa. Elle a voulu gagner sa vie, remplir une cachemaille avant d'entrer en ménage, et la v'là maintenant toute seule dans une suspente de la Grand'Côte, à côté de son atelier. Heureusement que son promis Guignol, un de temps en temps lui porter de vieuillets et me donner de ses nouvelles. Tiens ! mais il devait venir ce matin. Et moi qui l'attends pour achever le vers ! Y va me faire prendre la pépie.

(Chantant : Air de *Fanchon, du Haut de la banquette*)

> Chaque matin, à la piquette,
> Je m'en vais licher un canon,
> Au lieu qu'il me mette en goguette,
> Je tape plus fort sur mes grollons.

SCÈNE II

GUIGNOL GNAFRON

GUIGNOL

Bonjour, père Gnafron.

GNAFRON

C'est toi, Chignol, d'où donc que tu sors ? T'es en retard, mami. J'ai la gargouane sèche comme une barquette. Me semble qu'on m'a vidé une barouette de sable dans le corniolon.

GUIGNOL

Y avait de relème, et malgré mon picarlat, j'ai pris au moins douze billets de parterre depuis les Pierres Plantées jusqu'en rue du Commerce. Si te n'y crois pas, (*se retournant et s'inclinant*) je peux te faire voir les contremarques.

GNAFRON

Je m'en rapporte, qué bocon !!

GUIGNOL (*tristement*)

Pis il est ben toujours assez à bonne heure pour venir raconter de calamitances.

GNAFRON

Que donc que te bejifles avec tes calamitances ? Le fait est que t'as l'air flape comme un matefaim de la veille.

Te te seras tant sigrollé la cervelle en debaroulant sur les cadettes que te t'as sansouillé l'entendement.

GUIGNOL (*geignant très fort*)

Euh ! Pauvre Gnafron !

GNAFRON

Te vas faire venir les pompiers si te gueules comme ça. As-tu fini de baver, grande panosse ? Tiens, viens boire un canon, ça te remettra.

GUIGNOL

Je n'ai pas soif.

GNAFRON

Te n'as pas soif ? Te n'esse donc plus un ami ?

GUIGNOL (*de même*)

Ah ! Pauvre Gnafron.

GNAFRON

Ça te reprend, faut de faire donner de l'ermétique.

GUIGNOL

Ah !

GNAFRON

Ah ! assassez ! Tu vas tout me deponteler la fège à feurce de faire le veau. Voyons, quoi qu'y n'y a ?

GUIGNOL

Eh ! bien, ce matin à la piquette du jour, je saute de mon pucier, je descends me décrasser au bachat et je mets un peu de pège à mon sarsifix pour lui donner du montant.

GNAFRON

N'y a pas là de quoi prendre la courante.

GUIGNOL

Attends mement. Je m'en y vais, bras sans dessus dessous avec ma tavelle, dire bonjour à Madelon avant qu'elle n'aille à son ateyer. J'enfile la rue Trois nassacres, le quai de la Baleine, le Pont de pierre, où j'achète un tas de pommes pour Madelon.

GNAFRON

Faut pas l'habituer à ça. C'est une garanterie difficile à garder en ménage.

GUIGNOL

Enfin, j'arrive Grand'Côte au cent moins n'un, ousqu'elle demeure et je frappe délicatement à sa porte. Rien. Elle dort encore la canante, que je me dis. Je frappe plus fort, et je me penche vers la serrure pour mettre l'œil au trou.

GNAFRON

Guignol, ta sincérité te sauve. Si tu ne m'avais pas dit que tu fais de ces gognandises, je t'aurais retiré ma bénédiction.

GUIGNOL

Comment que te l'aurais retirée grande bugnasse ? si je te l'avais pas dit, te l'aurais pas su.

GNAFRON

T'as raison ; continue.

GUIGNOL

Je refrappe, je remets l'œil au trou. Rien. Je cogne avec ma racine de guimauve. Toujours rien. Je crie (*très haut*) Madelon, Madelon !

GNAFRON (*se bouchant les oreilles*)

Mais te me casses le tremplin. Te peux pas gueuler moins fort ?

GUIGNOL

C'était pour réveiller Madelon. Je reluque à nouveau. Rien ! Je recrie Ma...

GNAFRON

C'est bon, c'est bon. Eh bien qu'est-ce qui arrive ?

GUIGNOL

Ce qui arrive ! Un tas de pilleraux, que j'avais réveillés en cersant, que degringolent de tous les étages, que crient au voleur, et qui me bousculent avec de lavelles, de trafusoirs, de manches à balais, de couevettes, de balyettes...

GNAFRON

Fallait les cabosser.

GUIGNOL

Je suis ben assez moigneux, mais j'étais pas assez nombreux.

GNAFRON

Fallait jouer des fumerons.

GUIGNOL

Pas moyen de s'escanner, il n'en venait d'en bas comme d'en haut. Y s'étions au moins nonante-sept sur le carré, que bouchient la descente. Alors je leur s'y explique qu'y a quelque chose d'extraordinaire; qu'on a dû enlever Madelon, ercetera, ercetera.

GNAFRON

Mais, malureux, tu perds la reputance de ma fille.

GUIGNOL

Que ça te fait, puisque je vais l'épouser ?

GNAFRON

T'as raison ; continue.

GUIGNOL

N'y en a un qui repète qu'on l'aura l'enlevée ! Un autre que prétend qu'elle avait l'air tout chose et qu'elle est allée piquer une tête à la mort qui trompe ; un troisième qui dit qu'y vient de temps en temps un gone qu'a l'air bien patet qu'a dû faire le coup.

GNAFRON

C'est toi, ça. Te t'es pas reconnu ?

GUIGNOL

Je me serais ben reconnu si ç'avait été moi. Enfin de bas en haut de l'escalier y se crient les nouvelles : On l'a t'enlevée ! Elle s'est truicidée ! on l'a t'assassinée !

GNAFRON

Tous les batillons en brarle, quoi ! Ce devait être plein de femmes.

GUIGNOL

Là dessus arrive l'épicière du coin. Ah ! c'te pauvre demoiselle, qu'elle fait. Qué malheur ! je ne l'avais pas vue passer ce matin, je pensais bien qu'il lui était arrivé un arcident.

GNAFRON

Quand t'auras fini de devider ta longueur, je t'expliquerai l'apologe.

GUIGNOL

Arrive la tripière qui s'écrie : Ah ! c'te pauvre demoiselle, dire que je lui ai vendu y a pas huit jours pour deux sous de melette.

GNAFRON

Oui, c'était pour se mettre sur le cropion, rapport à de s'arbouillures que lui z'y demangeaient.

GUIGNOL

Arrive l'herborisse, que borle : oh ! c'te pauvre demoiselle, dire que le mois dernier je lui ai vendu de bourrache et de petite cent oreilles.

GNAFRON

Elle s'était un peu s'échauffée à la lecture d'un roman de Poile de coque, lui fallait de s'émollients.

GUIGNOL

Si bien que finalement arrive un bleu que sort un canepin de sa poche de darnier, que tire un grand crayon, et que dit que, n'y comprenant rien, il s'en va faire un rapport sogné au commissaire.

GNAFRON

Mais que donc que te faisais pendant ce temps ?

GUIGNOL

J'étais pétafiné comme une bugne que n'a pas vu la friture. On m'avait porté aux écommuns pour me faire respirer de selles.

GNAFRON

Ah ! ben, elle aura un faraud canezard, ... Fallait me prévenir que t'y allais, grand cogne-ruou. Je t'aurais dit qu'elle était partie chez la Dodon...

SCÈNE III

GUIGNOL, GNAFRON, UN GENDARME

LE GENDARME, entrant.

C'est ici que superlativement demeure le père de la nommée Madelon ?

GNAFRON

Oh ! Renucle-moi c'te carotte.

GUIGNOL

Y ne doit boire de l'eau qu'à la Fontaine des Jacobins.

GNAFRON

Oui, c'est ici. Mais si c'est pour demander sa main, tu peux t'en retourner, elle est retenue.

LE GENDARME

Que ce n'est pas pour ça.

GNAFRON, *le regardant sous le nez.*

T'as pas besoin de faire le dégoûté. Y en a de plus chouettes que toi que s'en licheraient les cinq doigts et le pouce.

LE GENDARME

Il ne s'agit pas de ça. Mais que, itérativement, la dénommée Madelon ayant disparu par un crime vraisemblablement et le nommé Guignol...

GUIGNOL

Guignol ? Présent.

LE GENDARME

Ah ! C'est vous, mon gaillard. Qué ça simplifie ma besogne. Au nom de la loi, je vous arrête, comme prévenu d'avoir subrepticement fait disparaître la fille Madelon. Tachez moyen de faire en sorte de ne pas essayer de bouger jusqu'à ce que le juge d'instruction il arrive. Il m'a justement donné rendez-vous ici.

GUIGNOL

Ils sont tous malades. Dis-lui z'y donc, Gnafron. Moi toute c'te justicerie, ça me bouligue.

GNAFRON

Laisse-moi faire. Je vous dis que Madelon n'est pas disparue, qu'elle est allée...

LE GENDARME

Je n'entre pas dans ce détail. J'ai une consigne, je l'exécute imperturbablement.

GNAFRON

Mais...

GUIGNOL

Pisque le juge va venir, Gnafron, ne l'incite pas.

GNAFRON

Mais, spèce de bourrique — je l'insurte pas, hein? — c'est moi, son père, qui vous le dis...

LE GENDARME

Si vous insultez la force armée dans l'exercice de ses fonctions, je vous coffre également.

GNAFRON

Alors, grand gognan...

GUIGNOL

L'incite pas, Gnafron, l'incite pas.

GNAFRON

Si te prétendais qu'on m'a coupé le sarsifis, je pourrais tant seulement pas te dire de prendre de besicles ?

LE GENDARME

Vous vous expliquerez avec le juge d'instruction. Pour moi l'autorité, il n'a jamais tort !

GNAFRON

Ce que je me sens une envie de chercher mon tire-pied.

GUIGNOL

L'incite pas. Je me sens tout melachon de ces émosses. T'as pas un peu de mortavie ou d'eau d'arquebuse ?

SCÈNE IV

GUIGNOL, GNAFRON, LE GENDARME, LE JUGE, LE GREFFIER

LE JUGE (*entrant*)

Qu'entends-je ? Arquebuse ? Il paraît qu'on s'est servi d'une vieille arme à feu pour perpétrer le crime. Entrez, greffier, et notez. Vous, gendarme, tenez-vous sur le pas de la porte, si j'appelle, vous viendrez.

LE GENDARME

Je dois préalablement avertir M. le Juge que j'ai arrêté le nommé Guignol. Le voilà.

LE JUGE

Très bien, mon ami. Allez, votre zèle sera récompensé. Ça marche, ça marche ! On ne nous accusera pas de lenteur, cette fois !

GUIGNOL

Lui aussi y coupe dans c'te trame ? Décidément ça ne va pas, Gnafron. Ça me bouligue. Je sais pas si c'est les pommes. Vrai, te n'as pas un peu d'eau d'arquebuse ?

GNAFRON (qui suit les mouvements du juge)

mac pour me guérir un œil de perdrix. Mais apinche moi ce cavet. Y s'est fait raboter le cotivet ?

GUIGNOL

Oui. Manque pas mal de bourre sur son roquet.

LE JUGE (rentrant d'accompagner le gendarme).

Voyons ? Où est-elle ?

GNAFRON

Qui ça, Madelon ?

LE JUGE

Non ! nous y reviendrons. L'arquebuse.

GNAFRON

Lui aussi! Je vous répète que je me l'ai mis sus l'estomac.

LE JUGE (*se frappant le front*)

Mais alors c'est un pistolet! Ecrivez, greffier. Ah! vous ne pouvez pas écrire. Très bien. Allez vous asseoir dans la pièce voisine et ouvrez l'œil. Vous inscrirez demandes et réponses au fur et à mesure. (*Le greffier sort.*) Procédons par ordre. Lequel de vous deux est le nommé Guignol ?

GUIGNOL

C'est moi.

LE JUGE

Comment vous appelez-vous.

GUIGNOL

Il a de s'iragnes dans la caboche. Vous le savez bien ; puisque vous venez d'y dire.

LE JUGE

Ce sont vos prénoms que je demande.

GUIGNOL

Jean, Joseph, Polycarpe, Glaudius.

LE JUGE

Ça suffit. Vous êtes accusé d'avoir assassiné la nommée Madelon, votre maitresse.

GNAFRON

Dites donc, vous, tâchez moyen de ne pas lancer de s'incongruités offenseuses sur ma fille, ou je...

GUIGNOL

L'incite pas, Gnafron, l'incite pas. Si te mordait, l'omelette même t'en sauverait pas.

LE JUGE (*reculant*)

Quel est cet homme ? Un complice, un faux témoin, sans doute. Qu'on l'arrête, qu'on l'incarcère ! au secret ! Gendarme, (*le gendarme rentre*) séparez les accusés, qu'ils ne puissent s'entendre, à aucun prix. Mettez celui-ci dans la chambre où est le greffier.

(*Le gendarme et Gnafron sortent.*)

SCÈNE V

GUIGNOL, LE JUGE

LE JUGE

A nous deux, et dites la vérité. La justice n'ignore rien. On vous tiendra compte de votre sincérité.

GUIGNOL

S'il sait tout, que donc qu'il a à me chancagner.

LE JUGE

Nous disons que vous vous appelez ?

GUIGNOL

Encore? Décidément son irague le grabotte. (*Criant*) Guignol, Jean, Joseph, Poly...

LE JUGE

Je sais, je sais. Votre figure ne m'est pas inconnue. Quand j'ai rencontré les gens une fois, je les reconnais entre mille. Je vous ai vu quelque part.

GUIGNOL

J'y vais ben quelquefois, surtout pendant les vendanges.

LE JUGE

Quand je vous le disais! Vous avez assassiné la fille Madelon, avec une arme à feu. C'est acquis à l'instruction. Qu'avez-vous fait du corps?

GUIGNOL

J'ai pas de cor, moi. J'ai les ripattons net comme torchette. C'est Gnafron qui me chausse et pe aller plus vite, y prend mesure des deux pieds à la fois. Pas moyen d'avoir de s'agassins.

LE JUGE

Quel langage? C'est incompréhensible. Voilà cependant vingt ans que j'habite Lyon, mais ces gens s'appliquent à nous dérouter avec un prétendu patois. Ripattons, agassins, torchette! Qu'est-ce tout cela? (*A Guignol*) Alors vous ne voulez pas avouer? Tant pis pour vous. Ce n'est pas ce qui nous arrêtera. Tout le monde sait qu'à Lyon l'instruction est aussi sûre que rapide. On a saisi au domicile de la défunte...

GUIGNOL

Euh ! Pauvre Madelon, à feurce d'y repéter y me feront croire aussi qu'elle a rendu son âme de colombe !

LE JUGE

On a saisi au domicile de la victime un certain nombre d'objets sur lesquels vous aurez à vous expliquer. Vous lui faisiez de fréquentes visites et lui apportiez parfois ses provisions ?

GUIGNOL

Oui ; elle me faisait faire quelques petites queumissions.

LE JUGE

C'est bien ça. Je dois vous dire que nous nous sommes fait retracer la scène du crime. Un gendarme s'est couché dans le lit de la fille Madelon pendant qu'un autre simulait l'entrée du meurtrier.

GUIGNOL

Ben ! elle pourra faire desinfecter sa paillasse. Enfin ! si y avait de bardanes ça les aura asphissiées.

LE JUGE

Pour ne pas faire de bruit le deuxième gendarme avait ôté ses bottes, comme vous avez fait sans doute.

GUIGNOL

Il aurait mieux valu les enlever à celui qui était couché.

LE JUGE

Le premier ne l'a pas senti venir.

GUIGNOL

Il a le nez fin, le cadet! Faut le faire nommer à la criée de la marée. Pas de danger qu'il éternue sur la marchandise.

LE JUGE

Il n'y a donc plus de doute pour la justice. La victime a été surprise au lit. On a trouvé d'ailleurs quelques taches d'un rouge brillant à terre.

GUIGNOL

Eh! c'est qu'elle voulait passer le carrelage en couleur.

LE JUGE

Aucun bruit n'a été entendu dans la maison, mais vous vous êtes sans doute servi d'une arme perfide, d'un fusil à vent !

GUIGNOL

De fusils à vent ! ça doit être pour la garde nationale de Venissieux.

LE JUGE

M. Camescasse expliquera tout cela. Vous n'avez rien à ajouter pour votre défense ?

GUIGNOL

Quelle défense ? Que voulez-vous que je rebrique à toutes ces gandoises ? Vote escographe pourra bien vendre sa romance au *Lyon-Républicain*, pour n'en faire de feuilletons.

LE JUGE

Oui, oui! vous êtes confondu. Mais poursuivons. Justement voici M. Camescasse, le médecin au rapport.

SCÈNE VI

GUIGNOL, LE JUGE, MARÉCHAL

MARÉCHAL

M. le Juge, j'ai l'honneur de vous saluer.

GUIGNOL

Il est encore chenu, ce bibon. On dirait qui vient de Sainte-Foy avec sa figure de recuite.

LE JUGE

Bonjour, M. Camescasse. Figurez-vous qu'hier, j'ai salué M. Maréchal de votre nom, moi qui en ma qualité de juge d'instruction reconnaîtrais entre mille une personne que j'ai vue une fois.

MARÉCHAL

Mais je suis M. Maréchal, M. le Juge.

LE JUGE

Pas possible, vous êtes sûr ? C'est très curieux ; il faudra que je change d'opticien.

MARÉCHAL

Je viens de recevoir votre note m'indiquant ce dont il s'agissait, mais faut-il que je me retire ?

LE JUGE

Pas du tout, pas du tout. Chimiste, médecin, peu importe, du moment que vous êtes l'expert désigné. Voici, M. Cam... M. Maréchal, l'état des objets saisis et que l'inculpé reconnaît avoir fournis à la victime. Dites-nous s'il n'y a pas déjà là des preuves de préméditation. (*Il déplie un papier*).

MARÉCHAL

Je vous écoute.

LE JUGE

Nous avons trouvé une assiette contenant un peu de beurre.

MARÉCHAL

J'analyserai. Tentative d'empoisonnement possible. Suif coloré au chromate de plomb.

GUIGNOL

De cravates de Bron ! Fera pas de mal de se l'apondre au gigier.

LE JUGE

Un quartier de fromage bleu.

MARÉCHAL

J'analyserai. Intoxication probable, par sels de cuivre destinés à donner la couleur bleue.

GUIGNOL

Une selle de cuir pour faire des bleus ? Elle voulait donc se faire s'écuyère ?

LE JUGE

Un peu de miel dans un grand pot.

GUIGNOL (*s'approchant*)

Vous êtes sûr que c'était de miel ?

LE JUGE

Veuillez ne pas interrompre. Notre greffier a dégusté.

GUIGNOL

Encore un qu'a le nez fin !

MARÉCHAL

J'analyserai. Empoisonnement vraisemblable. Gomme adragante, pulpe de châtaigne et verre pilé pour donner du grain.

GUIGNOL

C'est le bocon pour les chiens ce qu'y dit là.

LE JUGE

Un fragment de saucisse.

MARÉCHAL

J'analyserai. Composé de colle de pâte colorée à l'aniline.

GUIGNOL

Il est allé pitrogner toutes les équevilles. C'est un métier de patti qu'il fait là.

LE JUGE

Enfin, M. Maréchal, un demi-litre de vin.

MARÉCHAL

Tout ce qu'il y a de plus grave. Empoisonnement certain. Pas besoin d'analyser. Fuchsine, tout fuchsine. Ah ! Messieurs les chimistes parisiens ! Quand je vous le disais qu'il était nocif. Qu'à dose infinitésimale il déterminait la mort à bref délai. Vous ne vouliez pas me croire. Et cependant j'avais abreuvé de vin fuchsiné des ablettes qui étaient devenues poissons rouges d'abord pour succomber bientôt dans d'effroyables convulsions !

GUIGNOL

Il est à remontoir, ce gone. Mais à qui donc qu'il en a ?

MARÉCHAL

Oui ! Messieurs, comme nous le trouvons dans Pythagore et Albert le Grand, la fuchsine, ce pire des succédanés des colorants naturels, du sureau, de l'airelle, ce naphtalarobenzine-sulfonate, ce triamidophénylamine, ce amidoazoorthotoluol (*Il s'embrouille dans les noms, tousse, éternue, crache*).

GUIGNOL

Bon ! v'la son balancier que s'est décroché.

MARÉCHAL (*continuant*)

Ce sel a réaction spéciale, qui donne avec le manganèse le précipité particulier couleur cuisse de nymphe émue !

GUIGNOL

Ah ! je commence à comprendre, c'est tout de cochonneries.

LE JUGE

Calmez-vous, M. Maréchal. Nous savons votre science impeccable. Vous avez entendu, Guignol, les charges qui pèsent sur vous. Tout, dans vos rapports avec la victime, indique un projet longtemps caressé et diversement tenté de la sacrifier.

GUIGNOL

Je comprends rien à ce qu'y jabotte.

LE JUGE

Voyons, quel a été votre mobile.

GUIGNOL

Votre montre retarde. Y a plus de mobiles.

LE JUGE

Assez de ces sottes plaisanteries. La justice appréciera. Je vous remercie, M. Camescasse, de votre concours aussi impartial qu'éclairé. (*Il reconduit M. Maréchal*).

SCÈNE VII

LE JUGE, GNAFRON, GUIGNOL.

LE JUGE

Faites entrer le complice Gnafron.

GUIGNOL

Eh ! bien, Gnafron, t'as entendu la çarimonie ? Quand donc qui vont vider les lieux, ces oiseaux de boutasse ?

GNAFRON

Je sais pas. J'ai bien envie de leur mettre quelque grolle sous le nez pour les faire décanner.

GUIGNOL

Faut-il qu'ils aient l'âme varotte pour maginer tant de saloperies dans tout ce qui tripotent.

GNAFRON

M'en parle pas. Mais ils ont fini leur chanson, te vas voir.

LE JUGE

Sortez, Guignol ! (*A Gnafron*) Votre nom ?

GNAFRON

Que ça vous fait ? Je vous dis et je vous repète...

LE JUGE *(s'approchant)*

Que vois-je ? des taches ? Et M. Maréchal qui est parti. Lui qui sait distinguer le sang de civil du sang de militaire !

GNAFRON

Renifle-moi ça, ma vieille. Elle est encore fraîche. C'est du Brindas premier nimero.

LE JUGE

Nous verrons, nous ferons examiner au microscope.

GNAFRON

Un microscope. Qu'est-ce que c'est ça ? Ah ! c'est de ces mécaniques qui ressemblent à de pièce-humides, comme n'y en a en Bellecour pour vitrer l'heure à la Charité ! Eh ben ! je sais pas comme ça marche, jamais j'ai pu voir les aiguilles !

LE JUGE

Voyons, Gnafron, soyez plus franc. La justice, qui sait tout d'ailleurs, vous tiendra compte de votre sincérité. Quel a été votre rôle dans l'attentat ?

GNAFRON

Mon rôle dans l'attentat ? Te vas voir ça.

LE JUGE

Un instant. Vous suivez, greffier ?

GNAFRON

S'y suit. Je te crois bien. Vela s'une heure qu'il ronfle comme une fiarde. C'est votre cuisinier brandouille que l'a magnétisé.

LE JUGE

Comment, comment ? Mais alors je ne pourrai pas leur faire signer leur interrogatoire ?

GNAFRON

T'inquiète pas, nous allons y mettre notre patarafe. *(Allant à gauche)* Guignol, apporte ton porte-plume. *(Guignol revient avec son bâton.)*

LE JUGE

Quoi. Qu'est-ce, arrêtez, n'aggravez pas.....

GNAFRON

Oui, mami, gare à ta caisse. Nous vons y aggraver notre dérogatoire.

LE JUGE

Attentat contre un magistrat dans l'exercice de ses fonctions, crime prévu par les articles.....

GNAFRON

Ben ! puisque c'est prévu, ça ne doit pas t'étonner. Allons, c'est moi qui commande l'exercice de tes frictions.

LE JUGE

A l'aide, au secours, gendarme !

GNAFRON

Le gendarme, je l'y ai infusé quelques demi-setiers de piquette, y roupille au soleil le nez sur son grattelard.

LE JUGE

Mais alors, je suis à la merci de ces bandits !

GNAFRON

Pas de s'incongruités, si te ne veux pas aggraver ta situation.

LE JUGE

Devant la force brutale...

GNAFRON

Brutale ! Guignol, caresse-lui donc doucement l'échine pour qui n'en ait pas le démenti.

LE JUGE

Je m'incline, mais je proteste.

GNAFRON

Ah ! y s'incline. Te vois, Guignol, c'est comme si on lui avait passé le lichet sur l'épine de son dos sale. Alors nous vons commencer l'interrogance. (*D'un air digne*) Votre nom.

LE JUGE

Mais de quel droit ?. ...

GNAFRON

Encore ! Guignol, le lichet ! Votre nom et pas de manigances.

LE JUGE

Viédaz, Benoit, Ignace.

GUIGNOL

Benoît ! je m'en doutais. Mais tignasse, il y a longtemps que t'a perdu c'te rubrique, pauve vieux.

GNAFRON

Eh ! bien, Benoît, de quel droit t'es-tu introduit chez moi avec de gapians et de griffardins dans mon domicile invulnérable ?

LE JUGE

En vertu de mes fonctions ; la loi sur l'instruction obligatoire.....

GNAFRON

Tes fonctions, ganache, elles te commandaient d'ouvrir les quinquets, et de pas te laisser deraper de ta couronne à fessier par des s'amputations vermineuses, sans en inspecter la voracité.

LE JUGE

Mais toutes les dépositions.....

GNAFRON

Le vin aussi y dépose, c'est pour les équevilles. Madelon est une honnête fille, d'abord ; fourre-toi ça dans le melon. Elle n'a été ni s'enlevée, ni t'assassinée. Elle est allée soigner sa tante Dodon, que n'avait attrapé une flurquesion, rapport à un air chinin que soufflait justement quand elle changeait le coton blanc de ses oreilles contre du rose pour aller à une noce.

Elle m'a écrit qu'elle revenait ce matin. Si te m'avais laissé parler t'aurais ménagé ta salive. Eh! tiens, justement, la v'là.

SCÈNE VIII

MADELON, GNAFRON, GUIGNOL, LE JUGE

MADELON
Bonjour, p'pa.

MADELON
Bonjour, Madelon.

GNAFRON
Bonjour, M'sieur Guignol.

GUIGNOL
Bonjour, Madelon, ma colombe, ma canante, ma chair de poule, mon bouquet de girofles.

MADELON
Je vous en prie, M. Guignol, dispensez-moi de ces expressions communes. (*Le juge tente de sortir*).

GNAFRON
Comment donc que te veux qu'y te parle, ce gone, si te l'y remues la fège et lui petafines l'embuni.

MADELON

Oh ! mon père ! et devant un étranger encore.

GNAFRON

C'est vrai, je n'y pensais plus. Y s'apprêtait à nous brûler politesse, le gone, après nous avoir marpaillé l'existence pendant toute la journée; heureusement j'avais mis le loqueteau. Demi tour, cadet, nous n'avons pas fini. (*Il le ramène*) Avait-y pas maginé, ce mami, que t'étais enlevée, t'assassinée, et que c'était Guignol que t'avait fait ce coup.

MADELON

Quelle horreur !

GUIGNOL

Il s'en est allé faire un barchanal pitrognable dans ta maison. Y voulait me mette au violon, comme un chien errant, me faire guirotiner. Et pas moyen de lui décamoter l'entendement, de faire jaillir une belu sur le chelu de sa comprenette; y s'en allait à borgnon dans ses éventions, comme une bardoire dans un tambour.

MADELON

C'est y bien Dieu possible !

GNAFRON

C'est pas tout ça. Finissons de le régler pendant que nous y sommes. (*Le bousculant*) Tiens, cadet, v'là pour les amputations sur l'honnêteté de Madelon, v'là pour la complercité, v'là pour le Brindas qu'il a fallu faire licher au gendarme.

GUIGNOL

A mon tour. (*Il aiguise son bâton sur la rampe*). V'là pour l'enlèvement, v'là pour l'astrassinat, v'là pour la fursine, pour l'archenie. Ça te remet-il la jugeotte d'aplomb?

LE JUGE

De grâce, messieurs.

GNAFRON

As-tu vu, Guignol, comme l'essence de trique rend les gens polis ; on dirait de lissieux sec.

LE JUGE

Excusez-moi. *Errare humanum est.*

GNAFRON

Bon! le vela que dit sa messe à présent. Il est tout-à-fait déclaveté. Allons, dérape vite et dis que je t'ai vu. Guignol, fais-lui la conduite et reviens, nous ont à parler de choses sérieuses.

(*Le juge sort*).

SCÈNE IX.

GUIGNOL, GNAFRON, MADELON

GNAFRON (*solennel*)

Mes enfants, mettez-vous là, la main dans la main, l'autre sur la conscience, si vous émotionnez je vous moucherai. C'est un père qui vous parle, brr... un père qu'a de s'enfants, brr brr... un père qui veut être grand'père, un père qui... qui... un père qu'a une soif ! Mon oratoire ne passe pas. Je reprends : Madelon, tes agnôlets ont tendu l'arquet de la sensibirité de Guignol ; Guignol, t'es un brave gone, fidèle à sa pièce, le battant toujours en train, qui ne rebutera jamais à la besogne, tant qu'un soufre de vie brillera au chelu de ton ersistence. Y fera un bon mari, te peux en être sûre, Madelon. Vous voulez vous réunir dans les liens du conjungo. Eh! bien, c'est assez lantibardanner. Vous aimez-vous sincèrement ?.

GUIGNOL

Oh ! comme de cognes !

GNAFRON

Et toi, Madelon, te ne réponds pas ?

MADELON

Je ne sais pas, mon père.

GNAFRON

Ne fais donc pas ta catole. Nous n'avons pas assez de picaillons pour ça. Oui s'ou non, n'en veux-tu pour mari ?

MADELON

Est-ce que je ne suis pas un peu jeune pour me marier ?

GNAFRON

Te m'y diras le lendemain de ta noce,

MADELON

Il ne me déplait pas.

GUIGNOL

Oh ! ma beline, ma coque, ma tourte, mon as de trèfle, mon pâté de vogue ! T'es un bouquet de réséda que parfume mon ersistence. Crains pas que j'emboconne la tienne, va, et repose-t-en sur moi pour toutes les jouisseries que peut rêvasser une canante bien s'intentionnée.

GNAFRON

Et tâche moyen de ne plus faire de manigances. Si t'avais été un peu moins sucrée, que depuis longtemps t'aies accepté franchement ce brave gone, si s'avant hier t'avais dit à une voisine ousque t'allais, toutes ces depyanderies seraient pas arrivées ; ne n'aurions pas eu sur le dos toutes ces figures de portance ; j'ai vu le moment où ils nous faisaient couper le sarsifix.

MADELON

Vraiment ! Oh ! quelle leçon. Je vous en demande pardon, mon père, et à vous aussi M. Guignol, et vous pouvez être sûr de toujours trouver en moi une femme dévouée et... aimante.

GUIGNOL

C'est trop de bonheur pour une fois. Je bave comme un magnan, mais c'est de joye. Je donnerais pas toutes mes misères d'aujourd'hui puisqu'elles m'ont procuré de vartigoleries si émotionnantes.

GNAFRON

Eh! bien, mes enfants, puisque nous v'là d'accord faites vous peter la miailie. Guignol, cours sarcher tes papelards et vons nous en à la mairerie. Mais paravant de recevoir la bénédirquecion de M. Gailleton, saluons un brin l'assistance.

(SEUL., air de la *reine Hortense*.)

>Vons à la mairerie
>Porter nos papelards,
>Pour qu'on vous y marie
>Tout de suite au plus tard ;
>Et comme je vous donne
>Ma bénédirction,
>Que le public nous pardonne
>Nos imperfections.

Allons tous, de collagne, en chœur.

TOUS

>Que le public nous pardonne
>Nos imperfections,

PERSONNAGES

GUIGNOL.
GNAFRON.
MADELON.
M. TAILLEFER
M. Philibert DINER.
M. LHEURTÉ.
M. LANDRÉ.
UN GARÇON DE CAFÉ.

La scène se passe sur la place des Jacobins entre onze heures et midi.

SCÉNE PREMIÉRE

GUIGNOL (seul)

Ah! mes pauvres t'amis, si vous n'avez jamais reluqué un gone emmiellé jusqu'à la corgnole, vous pouvez m'arregarder entre les deux quinquets!

Du depis que ces avanglés de Purssiens avé leur Bisquemal se sont mis à faire dans la canuserie, qu'y z'ont éventé des mécaniques pour raser le velours au sabre et que toutes les Gretchens de Crèvefeld, de Bételeld, de Manteuffel, de Toureiffel et je sais pus quel sont devenues des compagnonnes que poussent le battant et passent la navette, gn'a pus de trame pour les taffetaquiers de Saint-Georges et de Saint-Sébastien.

Nos bistenclaques font pas pus de bruit qu'un ateyer de sourds-muets et on n'entend quasiment que les iragnes que se lanticanent sus nos rouleaux et que trafusent leurs toiles sus nos Jacquards en manière de satin à douze portées.

Elles sont ben sûres d'être pas dérangées, les fines pattes ! Et pis c'est pas feni d'un côté que ça repique de l'autre. Si gn'avait que ces canezards de choucroute, — comme y savent tramer que l'uni, y aurait plan de se rattraper avé le façonné et les armures pace qu'y sont pas encore assez malins à Crèvefeld pour ... er le pion aux Pierres-Plantées ou au Tire-cul, mais v'là z'encore qu'y sont à Paris un demi-quarteron de couturières mâles et de tailleuses à mustaches qu'ont éventé la mode pour les fenotes de porter que du tramé coton ou du teint en pièces.

De c'te manière, on fait fabriquer de cuchons d'étoffes gros comme la maison de ville par le premier galapia venu que n'a qu'à virer une manivelle, et les vrais z'artisses en canuserie, ceusses que savent tisser de fleurs meurticolores, épingler le velours, façonner le satin rendre une pièce sans crapauds, arbalètes ni impanissures, se brossent l'embuni en attendant de commissions que viennent aussi souvent que le remède contre le phylloxera.

Et v'là porquoi, mes pauvres cavets, je débaroule depis douze mois dans un gaillot de tarabustements pus profond que la Mort qui trompe.

Gn'a pas un rotin dans la tire-lire de Madelon ; nous ons retiré à la Caisse d'Epargne de m'sieur Dumond les darniers trente-cinq sous d'intérêts qu'y nous gardait dans son coffre à vingt-huit serrures ; notre garde-manger est vuide comme une peau de lapin ; je peux faire l'arbre fourchu devant, sans qu'y tombe un demi yard de mon panaire où les doublures se touchent, et nous vons faire, matin et soir, nos dévotions à Saint-Crédit que commence à nous arregarder de travers le gone ! Je sis t'en retard, de quatorze termes et demi de ma suspente avé le regrattier, et l'ouche chez le mitron s'allonge si tellement qu'on pourrait en faire un mât de cocagne pour la vogue des Tapis !

Aussi ça peut pus aller comme ça : si nous voulons pas crevogner de nanition avé Madelon ou nous faire coller au dépôt d'Albigny faut absolument changer de méquier, pisqu'avec la canuserie gn'a pas seulement un paquet de couenne à se mettre sous les chaiottes.

Ben oui ! mais qué méquier ? C'est ça que m'embrouille la jugeotte comme un écheveau mal dévidé. Gn'aurait pas dans c'te notoire assemblée un gone qu'aurait assez d'aime pour me refiler une consurtation ?

(On entend chanter dans la coulisse.)

Arrosons-nous, la dagne, la dagne,
Arrosons-nous la dagne du cou !

Tiens entendez-vous ce galoubet ? C'est c't'ivrognasse de Gnafron. Y pourra p't'être me donner z'une idée rumineuse. Quand y n'a bu un coup, il lui pousse de z'inspirations que coulent claires comme l'eau de la compagnie à la canicule !

SCÈNE II

GUIGNOL, GNAFRON

GNAFRON

Entrant avec sa bouteille et portant une paire de grollons sur son épaule.
(Il chante.)

Arrosons-nous, la dagne, la dagne,

— Eh quoi te v'la, Chignol, que donc que te fais sus c'te place des Jacobins, à arregarder pisser l'eau de la fontaine de m'sieu Moliasson ?

Est-ce que t'aurais de z'envies de faire mimi à la pincette à ces poutrônes en marbre, que n' ont z'une paire de berthes ! C'est pas des œufs sur le plat t'y pas vrai ?

GUIGNOL

Ah mon pauv' Gnafron, c'est pas ces vartigoleries que me bousillent la coloquinte ?

GNAFRON

T'as de z'emmiellements ?

GUIGNOL

Te le devines pas à ma margoulette ?

GNAFRON

C'est vrai que t'as l'air guilleret comme un Macchabée de la morgue, avé ta figure de papier mâché et tes joues flapettes qu'on dirait z'une vessie que se dégonfle.

GUIGNOL

Si te n'avais qu'une salade de pissenlits dans l'estôme, est-ce que te danserais le rigodon ?

GNAFRON

Alors ça va pas le bistenclaque ?

GUIGNOL

Ça va si tellement peu qu'y faut que te me déniches z'un

autre méquié, si te veux pas voir Guignol et Madelon aller chiquer les choux par le trognon.

GNAFRON

Pourquoi que te n'esses pas resté député, grande bugne ! Vingt-cinq francs par jour à ne rien faire, en v'là z'une porfession lucratoire que vaut mieux que de mettre en peigne ou de ressemeler des grollons.

GUIGNOL

Oui le méquié était bon, pour flanocher, mais y faut trop se chapoter. Te rappelles pas mon mâchon sur l'œil ?

GNAFRON

Est-ce que te connais pas le moulinet de picarlat ?

GUIGNOL

Que si ben et j'aurais fait tout de même ma partie d'orcheste dans c'te boite à gifles, mais gn'a aussi trop de carottes et de menteries à refiler aux életeurs, et pour un matru canezard franc de collier qu'aime pas à tromper le monde, toutes ces éventions de blagues et de pas-vrai vous dégoûtent de la merchandise et fenissent par vous retourner le cœur comme un matefaim.

GNAFRON

Bah ! t'esses trop sensitoire et scropuleux. Te comprends ben, Chignol, qne si gn'avait pas de blagues on pourrait jamais faire d'impolitique. Va z'y demander à Brialou et à ses collèges que nous promettent de cailles toutes cuites et qu'on n'a pas seulement vu la queue de la poêle.

GUIGNOL

Enfin gn'avait encore z'une affaire pus épinarde. C'est que la Madelon m'aurait z'arraché les quinquets.

GNAFRON

A cause ?

GUIGNOL

Te sais ben qu'elle est jalouse comme une négresse.

GNAFRON

Et quand même ? T'avais pas de z'idées de marpailler ton contrat conjugable...

GUIGNOL

Gn'aurait ben fallu !

GNAFRON

Comment gn'aurait fallu ?

GUIGNOL

Pauv'innocent, si t'étais au courant de la manicle des travaux législatocs, — te saurais que tous les députés y sont z'obligés d'avoir une colombe !

GNAFRON

Une colombe !

GUIGNOL

Parfaitement ! Une balayeuse de la Grande Opéra, ou une déculottée du théâtre féerique ou z'une poutrône du Veau-de-ville...

GNAFRON

Qu'est-ce que te me bajaffles ?

GUIGNOL

Pace que, te comprends, quand on est membre de l'arreprésentation nationale, on manque jamais d'aller se lantibardaner dans les colidors du Foyer, et on aurait l'air trop bugnasse si on savait pas seulement pincer le menton à toutes ces fenottes que se maquillent la frimousse avé de platras, de brique pilée et de bouchon fumé et que vous arrapent par votre panaire en vous disant avé de z'œils en coulisse : « Bonjour M'sieu le « député, est-ce que vous pourriez pas me faire passer au « parmier quadrille ou me faire nommer sorciétaire du « Théâtre français ? »

GNAFRON

Faut les envoyer au thiâtre de la montée Rey. Gn'a z'une blanchisseuse à côté que fournit le charbon de bois pour se mâchurer les surcils. Te rappelles-tu la DoJon ? elle s'en mettait jusqu'au carquillage de l'oreille !

GUIGNOL

Oui, mais te penses ben que Madelon m'aurait jamais laissé porter mes fumerons dans ces Arcazars. Une fois seulement que M'sieu Clémenceau avait maginé de me parsenter z'à une canante qu'y z'appellent une étoile ou une planète de l'opéra, pace qu'elle gigaude si tellement qu'on voit ses mollets jusqu'aux cuisses, quand Madelon a su c't'histoire chez la concierge, elle m'a z'envoyé, en remontant, un coup d'arpion que m'a fait reluquer quarante huit bougies Blagoskoff ! arregarde voir l'estafilade !

« Si te repiques, qu'elle m'a quinché avé sa voix flûtée, je te délavore les purnelles! »

Alors pour pas avoir de z'incamos dans le ménage et pas être obligé de dévider à mes éléteurs de gognandises longues comme la ficelle de St-Just, j'ai reflé ma démission au Central qui l'a z'acceptée à la galope, pace qu'y sont là-bas pus de cent cinquante gones que tendent le bec et que voudraient prendre le train pour s'escanner sus une de ces banquettes du Palais-Borbon où on devient tout de lard à feurce de rien faire.

GNAFRON

Et en attendant, y te faut serrer ta courroie, et la Madelon n'en maigrit comme de pointiselles.

GUIGNOL

C'est vrai que nous v'là bientôt insemblables à des esquilettes.

GNAFRON

T'aurais dû au moins demander une place à m'sieur Gailleton. Est-ce que te le connais pas?

GUIGNOL

Que si! Quand y montait dans le temps à Château-Floquet nous nous envoyions de bonjours par la liquerne de ma suspente, mais y m'a un peu oublié depuis qu'y n'est dans les légumes; pourtant Madelon l'y a porté, dimanche darnier, une impétition pour me faire entrer dans les Pompes funèbres ou dans quèque inspection de pavés pointus, de cornets d'égouts, de chiens z'enragés ou de tuyaux d'arrosage.

Madelon s'était mis sus ses trente-sept pour trimballer ce papelard à la maison de Ville ; avé son bonnet floqueté, sa robe de noce, et sa guirlande de fleurs dérangées elle n'avait l'air d'une colombe que marche à l'autel et tous les frangins de St-Georges l'arregardaient passer sus la cadette.

Aussi m'sieur Gailleton que n'est toujours galant avé les canantes lui a z'immédiatement rebriqué en quittant sa pipe: « Ma chère Madelon, vous direz à l'ami Guignol que j'inscris sa requête sous le mimero quarante-neuf mille sept nonante huit.. Je pense que dans douze ou quinze ans il aura sa place. »

GNAFRON

N'en v'là z'une belle longueur de tire-pieds.

GUIGNOL

Et de tire-langue. Quinze ans de carême. C'est ça que dégotterait les Resucci et les Merdatti.

GNAFRON

Si t'as la vocation, te pourrais essayer ; à deux ronds par margoulette ça te ferait ramier pis mal de yards.

GUIGNOL

Pour faire sa crevaison quand on est riche, et dîner chez Casati ou chez Maderni quand on n'a plus d'estôme ; non, y me faudrait une autre affaire.

GNAFRON

Tiens, Chignol, une idée !

GUIGNOL

Je disais ben qu'y finirait par accoucher. Liche un coup pour que ça sorte mieux.

GNAFRON *(après avoir lu)*

T'as pas pensé Chignol, que pisque nous avons à Lyon toutes ces Farcurtés que fabriquent des avocats, des médecins, de z'ingénieurs, de professeurs et celeri et celera, te pourrais pas y renifler un gorgeon d'instruction orbigatoire que te permettrait de garir ou d'enterrer le monde, de faire acquitter les arssassins, d'apprendre le b, a, ba aux petits gosses et d'éventer des machines électriques ou des becs de gaz à trente-six chandelles. Te sais qu'on dit que la science mène à tout et te pourrais p't'être y arriver.

GUIGNOL

C'est vrai qu'y gn'a de ces méquiés où ça rapporte pus de déclaveter une ganache ou de divorcer des époux ardutères que de tramer une pièce de façonné.

GNAFRON

Pisque la fabrique marche pas et que te chômes de trame, gn'a p't-être quéque chose à manigancer dans c'te partie. T'esses pas pus bugnasse qu'un autre?

GUIGNOL

Pour ponteler un méquier d'aplomb, faire les remettages et rhabiller les fils, gn'a personne à Saint-Georges ou au Bon-Pasteur que soye capable de me faire la gnaque. Mais c'est p't-être pus malin de piquer en peigne et d'abattre des longueurs dans ces Farcurtés d'Etat que je sais pas seulement bien ce qui s'y trafuse.

GNAFRON

Je peux t'y dire. Arregarde c'te paire de grollons, y soat z'à un étudiant de dix-huitième année qui m'a raconté toute cette reganisation et je vas te réfiler le grobon. Ouvre le bec.

GUIGNOL

Ça z'y est.

GNAFRON

Gn'a d'abord la Farcurté de droit...

GUIGNOL

Parfaitement, au bout de la rue Trois-Massacres.

GNAFRON

Puis la Farcurté de médecine.

GUIGNOL

Après la rue Basse-Combalot. C'est là qu'y veulent faire un pont de guingoi avé de piles cul sur tête, pour qu'elles soyent pas d'aplomb.

GNAFRON

La Farcurté des sciences.

GUIGNOL

Dans la même bâtisse. J'y ai vu, en allant manger une

friture à la Mouche, une affiche en calicot, où gn'avait écrit dessus : *Farcurté des Sciences.*

GNAFRON

Enfin, la Farcurté des lettres.

GUIGNOL

Au Palais Saint-Pierre, en face de la poste, gn'a z'un escayer à grimper.

GNAFRON

Alors, t'en sais aussi long que moi.

GUIGNOL

Si un gone de Lyon, natif de Saint-Georges que descend des Romains et du Gorguillon connaissait pas les mimeros des maisons et les enseignes de magasins, y serait ben pus ganache qu'un pensionnaire de M. Binet. Mais c'est pas tout de savoir où logent les Farcurtés, faudrait entrer dans l'ateyer et apprendre ce qui s'y patrigotte.

GNAFRON

Pour ça, Chignol, te devrais consurtasser les doyens ou les porfesseurs. Justement y passent quasiment tous à midi sur c'te place des Jacobins. En te lantibardannant un mement sur la cadette du café de l'*Univers*, t'en appincheras manquablement trois ou quatre.

GUIGNOL

Mais pour les connaître ?

GNAFRON

Attends, je vas te tirer quéques-uns de leurs portraits en mànière de pistographie.

GUIGNOL

Te les as donc vus?

GNAFRON

Eh! oui, gn'a le Pipelet de la grande bâtisse de M. Kirsch qui est mon cousin émué de germain, rapport à une grand'tante du côté d'Ambérieu en Bugey; le jour de la rentrée de ces Farcurtés y me laisse mettre à la liquerne de sa loge et je vois passer tous les porfesseurs avé leurs robes de chambre et leurs pattes de vermine. De c'te manière, je pourrais te défigurer leurs margoulettes.

GUIGNOL

Devide ton échereau.

GNAFRON

Gn'a M'sieur Taillefer doyen de la Farcurté de Droit; un grand blond foncé, que se monte le cou sus une cravate blanche et que marche raide comme la Justice. Y paraît que c'est un gone qu'a pas froid aux yeux et qu'a z'une jugeotte de parmier mimero, que se dépontelle jamais.

GUIGNOL

Et pis?

GNAFRON

Et pis le doyen de la Farcurté de merdecine qu'y z'appellent M. Lheurté, pace qu'y va toujours sans secousse, avé sa barbe en pointe et son air bon enfant.

GUIGNOL

Oui, je le connais. Madelon m'e l'a fait reluquer un jeu.li que nous allions voir les singes et la girafe au Muséon. Paraît que c'est lui que dépiote toutes ces esquelettes et ces empaillés avé son parmier commis M'sieur Chantre.

GNAFRON

Enfin dans la Farcurté des lettres, gn'à M'sieur Philibert Diner avé son picou affuté et ses yeux que reluisent sous ses lunettes, comme les purnelles d'un matou.

Et pis encore M'ssieur Landré l'astrologue de Saint-Genis-Laval.

GUIGNOL

Çui là que tord un peu la gougne, à feurce de reluquer les étoiles.

GNAFRON

Justement ; ainsi te peux pas te tromper. N'en v'là z'assez je pense, pour t'apprendre pus d'affaires que la somnambule translucide du Chemin-Neuf.

GUIGNOL

Arregarde voir, Gnafron, vers la rue de la Parfecture est-ce qu'on dirait pas ce M'sieur Taillefer ?

GNAFRON

Eh oui! quand je t'y disais qu'y passaient tous par là. Te n'as qu'à leur détrancanner ton affaire.

GUIGNOL

Jamais j'oserai! mes fumerons n'en brandigollent d'émotion et ma bavarde esse pus sèche qu'un hareng sauret.

GNAFRON

Ne soye donc pas si tumide, grande bugne. Y veut pas te dévorer.

GUIGNOL

Alors te vas rester par là, Gnafron, darnier le pissoir... Ça me donnera de z'assurance de voir ton nez culotté et ton tyau de poils à rebours. Si te m'entendais lâcher quèque ganâcherie, te me reprendrais, pas vrai? et pis te me communiquerais tes réflexions vésicatoires.

GNAFRON

Entendu; seulement faudrait renouveler la consommation si te veux que ma comprenette soye ouverte à deux battants.

GUIGNOL

Garçon, un litre!

LE GARÇON (*apportant une bouteille*)

Voillla! m'ssieur!

GUIGNOL

Paie, Gnafron, je te rembourserai sur més parmiers bénéfices... Et maintenant, escanne-toi.

(Gnafron sort dans la coulisse).

SCÈNE III

GUIGNOL, M. TAILLEFER

GUIGNOL *(avec de grandes génuflexions)*

Pardon, M'ssieur, faites z'esxcuse si un pauvre canezard sans travail se parmet de vous s'arrêter z'en chemin...

M. TAILLEFER

Qu'y a-t-il pour votre service mon ami ?

GUIGNOL

Vous êtes ben honnête, m'sieur le Doyen, de me répondre comme ça... Gn'a que l'ouvrage marche pas, que la canuserie tombe en bouse et que je voudrais tâcher moyen de m'éduquer dans votre Farcurté pour ramier queques pécuniaux dans ma profonde que sonne creux comme un baril vide.

M. TAILLEFER

Comment, vous voulez faire votre Droit ?

GUIGNOL

Si gn'a plan, m'sieur le Doyen !

M. TAILLEFER

Il me semble que c'est un peu tard pour vous...

GUIGNOL

Vous connaissez ben le proverbe : mieux vaut tard que jamais... Et pis vous verrez, je me lèverai matin pour rattraper le temps perdu. Je sis pas de ces faignants qui renâcient sur le métier quand l'ouvrage presse.

M. TAILLEFER

Bon, bon ; encore faudrait-il savoir si vous avez des dispositions pour le Droit.

GUIGNOL

Que oui ben, m'sieur ! J'ai jamais aimé ce qui va de travers ou de guingoi et Madelon vous y dira que pour pousser le battant et passer la navette, je me mets toujours dans le mitan sans accrocher de Droite ni de Gauche.

M. TAILLEFER

Fort bien, mais il ne s'agit pas de navette et de battant à notre Faculté.

GUIGNOL

Je pense ben que c'est z'une pièce pus compliquée, et c'est justement à rapport de ça que je me sis parmis de vous demander une consurte tout de gô.

TAILLEFER

Ainsi, il vous faudra apprendre le Code civil.

GUIGNOL

Pour la civilité et la politesse je sis guère en retard et je tire encore proprement ma révérence au monde... Arregardez-voir ? (*Il fait des saluts et des génuflexions.*)

TAILLEFER

Ce n'est pas de cela dont il est question dans nos cours, et on vous expliquera que le Code civil est le recueil des lois qui règlent les rapports et les intérêts des citoyens entre eux.

GUIGNOL

Bon je comprends c' t'affaire, comme qui dirait le livre de marque des fabricants et des taffetaquiers.

M. TAILLEFER

Il y a encore le Code de procédure.

GUIGNOL

On sait ben qu'y sont jamais tendres.

M. TAILLEFER

Puis le Code d'instruction criminelle.

GUIGNOL

Parfaitement, pour découvrir les arssassins de Marie Rigottier et les anarchisses que cassent les vitres et font sauter le monde ; parait qu'elle est pas commode à appincher c' t'instruction criminelle pisque M. Cuaz a pas pu encore se dépiautrer de ce gaillot.

M. TAILLEFER

Enfin le droit Romain, les institutes de Justinien... Avez-vous entendu parler de Justinien ?

GUIGNOL

Oui, m'sieur, dans les *Deux Aveugles* au *Casino*. (*Il chante.*)
    Justinien, ce monstre odieux
    Après m'être couvert de gloire...

M. TAILLEFER

Oh ! mais, il faudra être plus sérieux que cela, si vous voulez apprendre quelque chose et prendre vos grades.

GUIGNOL

Je vous promets d'être sérieux comme les portes de Roanne ; surtout que j'ai guère envie de batifoler avé tous ces tarabustements que me débaroulent sus le cotivet ; seulement dites-voire m'sieur le Doyen, quand j'aurai pris ces galons et ces grades, qué méquié que je pourrai entreprendre pour remplir mon questin, me gonfler un peu le gigier et acheter pour six sous de retailles chez le charcutier.

M. TAILLEFER

Mais vous n'aurez qu'à choisir ; avoué, notaire, avocat...

GUIGNOL

Ça coûte quéque chose d'être avoué ou notaire ?

M. TAILLEFER

Dame ! Il faut acheter une charge et à Lyon vous n'en trouverez guère à moins de deux ou trois cent mille francs.

GUIGNOL (*avec des gestes d'effroi*)

Deux ou trois cent mille... mais nom d'un rat, m'sieur le Doyen, si j'en avais seulement le demi-quart, je vous ennoyerais pas de toutes ces questions infectieuses, et j'irais me lantibardanner de matin au soir, avé mon panaire des dimanches, je chiquerais des matelottes chez la mère Guy, de recuites à St-Foy, de claquerets à Rochecardon ; je ferais des repas de noces chez Fredouillère et la Madelon irait se requinquer aux *Deux-Passages* avé de peluche, de velours, de moire antique et de fourrures z'en peau de chat. Non, me faudrait un méquier que n'oye pas besoin de mise de fonds, pace que, pour le mement, je n'ai guère que mes fonds de culotte, encore que sont tout pleins de petas.

M. TAILLEFER

Eh bien vous pourrez vous faire avocat, il suffit d'avoir du talent et de l'éloquence pour réussir.

GUIGNOL

De la platine quoi ? On m'a toujours dit que j'avais le batillon bien pendu et cui là que m'a coupé le filet n'a pas perdu son temps.

M. TAILLEFER

S'il vous plaît d'essayer...

GUIGNOL

Une supposition que j'oye à défendre un arssassin...

M. TAILLEFER

Oui, eh ! bien, comment vous y prendriez-vous ?

GUIGNOL

Ce serait pas abuser de l'estrême bonté de votre complaisance que vous daignassiez écouter comment je leur z'y refilerais un p'aidoiement en quatre points?

M. TAILLEFER

Non, cela m'amuse de vous entendre.

GUIGNOL

Eh! bien, je leur s'y dirais comme ça:

Messieurs du Jury, de la Cour, mesdames et la Compagnie...

Ce galavard que marque si mal entre ces deux gendarmes n'a z'arssassiné père et mère, ses quatre gosses, sa tante, sa fenote et sa cousine pardessus le marché.

C'est donc z'un grand scélérat, un mauvais galapia que ne mériterait ni indurgence ni circonstances éternuantes, et y faudrait tout de suite l'envoyer à Charabara, porter sa sale frimousse dans le goulet de la guillotine, — si gn'avait un cas espécial que le rend innocent comme le belin que tête encore sa m'man!

Maginez-vous en effet, messieurs du Jury et mesdames de la Cour, que ce vilain moineau n'esse venu au monde avé la bosse du crime, une manière de verrue que pousse darnier le carquillage de l'oreille, grosse comme un abricot d'Ampuis.

C'est un assident phernologique, pathologique et médicable que fait que les mamis qui z'ont ce tubercule dans la coloquinte peuvent pas pus se retenir d'arssassiner le monde que d'autres d'aller au mimero 100, quand y z'ont la courante.

C'est censément comme une infiermité de naissance et et les pus à plaindre sont pas les arssassinés mais les arssassins. Est-ce leur faute à ces pauvres cavets, s'ils ont c'te bosse criminatoire ? c'est pour ça qu'au lieu de les condamner, y faut les sogner et les guérir avé de blanc de poulet, du vin de Bordeaux, de cotelettes sus le gril, de z'épinards au jus, de cardons à la moelle, de confitures de framboise, pace que vous comprenez ben que c'est la maladie qui les pousse à tuer le monde... pus y sont malades pus y z'en escoffient ce qui fait conséquemment, que tant pus y sont coupables, tant pus y sont z'innocents !

Je me pense, Messieurs du Jury et de la Cour, que cet araisonnement scientifique reluira sous votre cloche à melon comme un chelu bien mouché et que vous allez acquitter mon client sans barguiner avé z'une pension de trois mille francs pour y faire rentrer sa bosse.

Quéque vous dites, M'sieur, de ce grobon ?

M. TAILLEFER *riant*

Ce n'est pas trop maladroit et j'ai entendu des plaidoyers qui ne valaient pas ça.

GUIGNOL

Alors vous pensez, M'sieur, que je pourrais faire mon beurre dans l'avocasserie.

M. TAILLEFER

Essayez toujours de vous faire inscrire et de suivre quelques cours. Il n'en coûte rien.

GUIGNOL

V'là mon affaire, pisque je sis brouillé avé la monnaie.

M. TAILLEFER

Vous aurez, du reste, d'excellents maîtres. MM. Mabire Appleton, Thaler, Enou...

GUIGNOL

Et pis vous aussi, M'sieur le doyen qu'êtes un gone que feriez comprendre le code z'à une carpe frite, à cause que vos leçons coulent pus claires que l'eau de la fontaine des Trois-Cornets.

M. TAILLEFER

Vous savez où nous logeons, pour vous faire inscrire ?

GUIGNOL

Oui ben, M'sieur ! Dans la grande bâtisse du petit collège, ousqu'y gn'a déjà tant de monde qu'on sait pas comment y peuvent tous y tenir.

M. TAILLEFER

Le fait est que nous sommes horriblement mal.

GUIGNOL

La justice de paix, la mairie, l'école primaire, l'école mulicipable de dessin et la Farcurté de droit dans le grenier, avé les bibliothèques dans les colidors.

M. TAILLEFER

Je vois que vous connaissez notre déplorable installation.

GUIGNOL

Je connais censément tout à Lyon que j'ai jamais quitté

depis ma nourrice. Je sais ben que ces pauvres cavets d'étudiants en droit sont z'obligés de travailler en cuchon, comme de z'anchois dans un bariquet et que bientôt y faudra porter des marchepieds dans les salles de cours, pour que tous ces gones se mettent en long, en large, en travers et en hauteur, au risque d'être arsphyxiés, comme de blanchisseuses que se suicident avé leur réchaud.

M. TAILLEFER

C'est peut-être bien le sort qui nous attend.

GUIGNOL

Eh ! ben vrai, ce serait pas juste pisque ces gones d'étudiants bûchent si tellement qu'y décrochent tous les ans la timbale au mât de cocagne de toutes les Farcurtés.

M. TAILLEFER

Oui, nous sommes mal récompensés de nos efforts. Mais que faire ?

GUIGNOL

J'avais ben siné dans le temps une impétition avé tous les frangins du quartier pour qu'on mette c't'école de droit en beau-devant sus le quai de la Baleine, mais M. Gailleton n'esse tellement empiautré jusqu'à la corgnole avé les quarante mille feignants que lui demandent de z'emplois pour rien faire, qu'y n'a pas eu le temps de reluquer notre papelard. Et pis on a tant dépensé de pécuniaux avé les groupes scolaires des petits gosses, pus monumentaux que la caserne de la Part-Dieu, que ne reste pas un radis pour les grands. Et y faudra z'attendre de z'écornomies sous les platanes de Perrache.

M. TAILLEFER

Pour nous exercer à la patience.

GUIGNOL

Ainsi M'ssieur, c'est entendu. Je vais refiler mon extrait de naissance à M'ssieur le secrétaire pour devenir z'étudiant en Droit.

M. TAILLEFER

Attendez-donc, une question. Etes-vous bachelier ?

GUIGNOL

Je crois ben que j'ai z'oublié de le devenir.

M. TAILLEFER

Alors vous ne pouvez pas être inscrit. Le règlement s'y oppose, et on ne transige pas avec le règlement.

GUIGNOL

Ah, nom d'un rat ! comment donc que faudra m'y prendre ?

M. TAILLEFER

Il n'y a pas deux moyens. Il faut être bachelier. Mais ceci n'est pas mon affaire.

GUIGNOL

A qui donc que je devrai m'adresser pour monter encore c'te pièce ?

M. TAILLEFER

Tenez j'aperçois un professeur bien connu de la Faculté des lettres.

GUIGNOL (*regardant*)

Parfaitement, çui-la que s'amène par la rue Centrale, M'ssieur Philibert Diner.

M. TAILLEFER

Il vous donnera tous les renseignements nécessaires. Bonsoir, mon garçon, et bonne chance.

GUIGNOL

Merci bien, m'ssieur le doyen et soyez sûr que j'oublierai jamais vote indurgence d'écouter toutes les bajaffleries d'un minable taffetaquier.

(*Pendant que Guignol se confond en génuflexions, M. Taillefer a disparu.*)

Tiens, il est parti !... N'en v'là z'un gone pas patèt ni melachon qu'aime pas se lanticaner sus sa banquette et qu'est z'à cheval sur les règlements. Attention, faut que j'aille parsenter mes salutations irrespectueuses à ce m'sieur Diner qu'esse aussi un malin dans sa partie.

SCÈNE IV

GUIGNOL, M. PHILIBERT DINER

GUIGNOL (*saluant*)

S'y vous plait, m'ssieur !

M. DINER (*un portefeuille sous le bras*)

Que me voulez-vous ?

GUIGNOL

Vous me reconnaissez pas?

M. DINER

Mais du tout.

GUIGNOL

Pourtant, m'ssieur, je sis t'allé pendant deux ans avé Madelon à vos cours du Palais Saint-Pierre; nous nous mettions sus le troisième banc à gauche, jognant le galandage

M. DINER

Vraiment, vous suiviez assidûment mes leçons?

GUIGNOL

Oui, m'ssieur, la Madelon surtout s'y gandeyait comme une petite folle, pace que vous racontiez de gandoises et de pigrammes de malice que faisaient rigoler les fenotes comme quand on les chatouille. Alors de c't'affaire. je me sis pensé que vous refuserez p't'être pas de donner un coup de de main à un ancien compagnon...

M. DINER

Très volontiers, car je suis heureux de rencontrer mes fidèles auditeurs d'autrefois,... que puis-je faire pour vous?

GUIGNOL

Pourriez pas me faire bachelier?

M. DINER

Bachelier... c'est une plaisanterie!

GUIGNOL

Je plaisante jamais que pour de rire, mais c'est pas quand on a le questin vuide et le ventre creux...

M. DINER

Mais il vous faudrait de longues études préparatoires.

GUIGNOL

Je sais ben que partout on demande un apprentissage.

M. DINER

Et c'est bien tard pour commencer vos études.

GUIGNOL

On me l'a ben déjà dit, mais j'ai rebriqué qu'en partant de bon matin, y aurait p't'être plan d'arriver au poteau.

M. DINER

Avez-vous seulement quelque teinture littéraire ?

GUIGNOL

Pour ce qu'y est de la teinture, gn'a m'ssieur Gillet de Serin, ou m'ssieur Bredin de la Quarantaine que me connaissent et que pourraient me donner un coup de main, pace qu'y sont charitables au pauvre monde.

M. DINER

Vous ne me comprenez pas. Avez-vous fait quelques études, avez-vous quelque notion des lettres?

GUIGNOL

Je connais ben censément les vingt-quatre lettres de l'arphabet : a. b. c. d. e. f...

M. DINER

Ce n'est que le commencement.

GUIGNOL (*vivement*)

x. y. z. v'là la fin !

M. DINER

Allons, allons, soyons sérieux.

GUIGNOL

Je sis ben trop feurcé de l'être.

M. DINER

Il ne s'agit pas de l'alphabet, mais des lettres françaises, des auteurs célèbres, Boileau, Molière, Corneille.

GUIGNOL

Mais je les connais, m'sieur ; ce sont tous des gones des Brotteaux ; la rue Boileau, la rue Molière, la rue Corneille, anciennement Monsieur et Madame.

M. DINER

Il ne suffit pas de connaître leurs noms, il faut connaître aussi leurs œuvres.

GUIGNOL

Je tâcherai de faire connaissance à la grande bibliothèque de' m'sieur Vingtrinier. Nous sons grand liés ensemble et y me prêtera ben tous ces bouquins.

M. DINER

Et le latin ! Il faut du latin pour être bachelier. Je suis sûr que vous n'en savez pas un mot.

GUIGNOL

Pardon escuse, m'sieur Philibert. Je l'ai ben z'un peu appris, en chantant à l'église de Saint Georges, quand j'étais gosse. (*Il chante*).

In exita Israël de populo barbaro...
Dominus tecum...
Tantum ergo, sacramentum...

M. DINER

Assez malheureux ! ce n'est que du plain chant, et vous aurez à apprendre le latin de Cicéron, d'Horace, de Virgile.

GUIGNOL

Virgile — jeûne... Çui là je le connais que trop, pisque je sis depis quinze mois en quatre-temps et en carême, sans pouvoir jamais z'arriver z'à Pâques.

M. DINER

En un mot vous tenteriez, à votre âge, une entreprise presque impossible.

GUIGNOL

Alors, nom d'un rat! si je peux pas être bachelier, je pourrai pas être avocat.

M. DINER

Vous voulez vous faire avocat?

GUIGNOL

Je me pensais comme ça que le méquier valait mieux que la canuserie.

M. DINER

Ça dépend. Du reste, croyez-moi, les carrières libérales, les lettres et l'éloquence vous ménagent bien des désillusions et des déboires!...

GUIGNOL

Tant que ça!

M. DINER

L'oubli succède à la réputation et à la gloire, bien heureux quand on ne se voit pas dédaigné ou raillé!

GUIGNOL

Me semble, en effet que vous n'avez pas l'air guilleret comme autrefois, M'sieur Philibert?

M. DINER

N'est-il pas désolant d'assister à la décadence de notre littérature? De voir le naturalisme envahir le pavé, avec ses brutalités souvent malpropres?

GUIGNOL

Ça, c'est pour de vrai. Maginez-vous que la Madelon n'avait z'acheté l'aute jour, chez l'espicier, un paquet de chandelles enveloppé dans un papelard de jornal avé z'un feuilleton de M. Mille Zola que s'appelle *Pot-Bouille.* Comme je me pensais que c'était de z'affaires de cuisine, j'ai dit à Madelon de me lire c'te recette. Mais nom d'un rat ! après le parmier linéa gn'avait tant de saloperies qu'on se serait cru vers les fossés d'enceinte et que nous ont manqué de dégobiller notre dîner d'avant-z'hier.

M. DINER

Voilà où nous conduit la nouvelle École ! Aussi, mon cher Guignol, renoncez à vous faire bachelier et avocat, et dirigez plutôt vos études du côté des sciences. C'est là qu'est l'avenir, car les belles lettres sont aussi malades que votre canuserie. (*Il sort*).

GUIGNOL

Pauvre M. Philibert ! Y n'a pas l'air trop rigolo. Faudra que je l'arreprésente à l'Arcadémie du Gourguillon pour qu'y se détende la rate.

SCÈNE V

GUIGNOL, GNAFRON

GNAFRON (*sortant de la coulisse*)

Dis donc, Chignol, est-ce que te vas me laisser longtemps comme une croûte de pain darnier c'te vespasienne.

GUIGNOL

Attends encore un mement, que je consurte M. Lheurthé et M. Landré. A propos quéque te penses du sermon de M. Philibert ?

GNAFRON

Je pense qu'il a raison, Chignol. Faut jamais z'entrer dans de métiers où y a de dersillusions et de déboires surtout. Pace que si on a la corgnole sèche on vaut pas une patte à relaver.

GUIGNOL

Dans ton coin, Grafron. J'appinche M. Lheurté !
(*Grafron rentre dans la coulisse.*)

SCÈNE VI

GUIGNOL, M. LHEURTÉ

M. LHEURTÉ

Eh ! voilà l'ami Guignol !

GUIGNOL

C'est un grand z'honneur, M. Lheurté, que vous me reconnaissassiez.

M. LHEURTÉ

Je vous ai vu si souvent au passage de l'Argue, au Caveau, dans la rue Ecorchebœuf.. Mais il me semble que vous avez maigri ?

GUIGNOL

C'est-à-dire que je sis comme une couanne de lard que sécherait depis six mois, darnier un cabelot. Aussi je viens vous demander s'y gn'aurait pas moyen de m'arrondir un peu la basanne en travaillant dans la médecine.

M. LHEURTÉ

Il faudrait pour cela avoir des diplômes.

GUIGNOL

Justement, pisque vous avez une Farcurté ousqu'on les décroche. Je pourrais p't-être appincher un certificat pour siner de z'ordonnances aux phlamaciens...

M. LHEURTÉ

C'est bien tard pour vous y mettre.

GUIGNOL

Mais pisque je leur z'ai déjà rebriqué à M. Taillefer et à M. Philibert que je ferais des journées de 48 heures pour abattre pus de longueurs.

M. LHEURTÉ

Il est certain qu'avec beaucoup de travail et de persistance, il ne faut désespérer de rien.

GUIGNOL

N'est-ce pas m'sieur ? Forvière s'est pas construit en un jour, pisque v'là dix ans qui z'y travaillent et que ce grand billard n'a toujours les pieds en l'air.

M. LHEURTÉ

Vous allez avoir bien des choses à étudier. Connaissez-vous l'anatomie ?

GUIGNOL

Je connais censément tous les ânes du quartier, mais je tâcherai de dénicher aussi c't'âne à Tomy.

M. LHEURTÉ

Ne dites pas de bêtises ; et la clinique !

GUIGNOL

Gn'a un arcadémicien du Gourguillon qui m'arrecommandera à M'sieur le docteur Lépine que n'esse trop savant pour lui tout seul ; alors y me refilera de son restant.

M. LHEURTÉ

Et la chimie ?

GUIGNOL

C'est, Gnafron que me donnera des réverences pour m'sieur Cazeneuve ; il le connait rapport aux sorphistications ; comme Gnafron liche souvent du vin furschiné qui lui démarcoure le z'intestins, y va consurter ce m'sieur Cazeneuve pour faire analyser ce tord boyaux que se récorte dans des bonbonnes d'acide surfurique.

M. LHEURTÉ

Et ce n'est pas tout ; vous devrez étudier encore la pathologie, la biologie, la myologie.

GUIGNOL

Ça v'là z'une affaire que va me gêner.

M. LHEURTÉ

Pourquoi donc ?

GUIGNOL

Pace qu'y me faudra prendre un garni en ville.

M. LHEURTÉ

Je ne comprends pas.

GUIGNOL

Etudier la mie au logis ! Je peux cependant pas introduire une canante au domicile conjugable. La Madelon lui crêperait la tignasse !

M. LHEURTÉ

Il ne s'agit pas de ces calembredaines, la myologie est l'étude des muscles.

GUIGNOL

Bon ! je comprends, comme qui dirait les commodes des lutteurs de Rossignol-Rollin, qui griffardait en imprimaison sur les affiches : y gn'a du musque dans l'air !

M. LHEURTÉ

Oui ! mais vous aurez un travail plus sérieux que ces plaisanteries. Car ensuite, il vous faudra passer des examens, et les examinateurs ne vous laisseront pas débiter toutes ces sornettes.

GUIGNOL

Y sont pas bien méchants ?

M. LHEURTÉ

Qu'en savez-vous ?

GUIGNOL

Pace que j'en connais quéques uns que sont d'assez bons zigs et que se montreront pas trop sévères pour leur t'ami Guignol.

M. LHEURTÉ

Et qui connaissez-vous donc?

GUIGNOL

Gn'a M'sieur Ollier, un grand malin que vous fait repousser les os comme de z'asperges, rien qu'en les y collant l'un contre l'autre; pis M'sieur Antonin Poncet, un chirurgien que sait découper les fumerons comme une mollette de beurre; on n'a pas le temps de dire « pape » que vos guibolles sont par terre; pis M'sieur Tripier avé son pansement du clystère; pis M. Lascassagne que m'a laissé visiter son musée d'arssassins plein de cordes de pendus et de tatouillages; pis M. Fochier que n'a pas besoin de purge pour faire aller le monde, pis M. Arloing que n'a découvert les bardanes de la septième manie ; pis M. Crolas qu'a z'éventé une canule pour mettre des grains de sel sous la queue du phylloxera. Aussi faut voir si décanille le galapia ! pis M'sieur Diday que guarit les maladies espéciales de tous les mimeros ; pis encore M'sieur Gayet que fait vitrer clair aux borniclasses ; je me sis souvent pensé qu'on devrait l'y envoyer un quarteron de conseillers mulacipaux pour les opérer de la caiaracte, pace qu'on dirait toujours qui n'ont z'une toile à matelas sus les quinquets.

M. LHEURTÉ

Peste ! si vous avez tant d'amis et de protecteurs, vous n'aurez pas de peine à recevoir vos diplômes.

GUIGNOL

Vous me donnerez ben aussi un coup de main, M'sieur le Doyen, à seule fin d'empêcher le pauvre Guignol de faire clinquaille à son regrattier, à son mitron, à son épicier, à sa marchande d'herbes, ousqu'il a des notes pus hautes que l'*ul dièze* de M'sieur Tamberlik. La Madelon vous en repassera ses remarciments sus une feuille de papier brodé de huit sous et n'en allumera z'un cierge à Forvière, le 14 juillet, avé la permission de M'sieur le maire et de ses adjoints.

M. LHEURTÉ

Je ne demande pas mieux que de vous venir en aide, mais j'y pense, avez-vous votre diplôme de bachelier ?

GUIGNOL

Ah ! nom d'un rat ! v'là z'encore c'te peau d'âne que va me manquer. Et M'sieur Philibert Diner que veut pas que je la décroche sous pertexte que c'est z'un métier où gn'a que de dersillusions et pas de quoi boire.

M. LHEURTÉ

Le baccalauréat ès-lettres sans doute, mais le baccalauréat ès-sciences vous serait peut-être plus abordable.

GUIGNOL

Gn'a donc un second étage ?

M. LHEURTÉ

Causez de cela avec un professeur de la Faculté des sciences, il vous indiquera le moyen de parvenir.

GUIGNOL

Je connais censément que M. Landré de l'Observatoire.

M. LHEURTÉ

Eh bien, vous ne pouvez pas mieux tomber, c'est précisément lui qui fait passer les examens. Et tenez, il me semble que je l'aperçois débouchant de la rue de l'Hôtel-de-Ville.

GUIGNOL

C'est la Porvidence que me l'amène.

M. LHEURTÉ

Adieu, l'ami Guignol, je vous laisse avec lui, tâchez de l'amadouer. (*Il sort*).

SCÈNE VI

GUIGNOL, M. LANDRÉ

GUIGNOL

Eh ! M'sieur, M'sieur !

M. LANDRÉ

Qu'est-ce qu'il me veut, ce fumiste ?

GUIGNOL

Pas fumiste, taffetaquier.

M. LANDRÉ

Taffetatier ou fumiste, c'est la même chose !

GUIGNOL

Pardon, escuse, M'sieur Landré, les taffetaquiers trament de pièces, tandis que les fumistes ramonent de cornets de poêle.

M. LANDRÉ

Je le sais bien, espèce d'imbécile !

GUIGNOL

Nom d'un rat ! n'a pas l'air commode le gone !

M. LANDRÉ

Eh bien après ? Est-ce pour me raconter ces sottises que vous allez me faire manquer le tramway d'Oullins !

GUIGNOL

Que non, M'sieur ! Si vous vous emportiez pas tant seulement un quart de minute, je pourrais vous détrancaner m'n'affaire !

M. LANDRÉ

Détrancanez donc et vivement. Qu'est-ce qu'il vous faut ?

GUIGNOL

Me faudrait que vous me reçussiez bâchelier en sciences d'arithmétique, de marthématique, et de phusyque.

M. LANDRÉ

Bachelier ! vous êtes fou !

GUIGNOL

Que non, M'sieur ! J'ai jamais z'été à Bron par Venissieux.

M LANDRÉ

Quel âge avez-vous ?

GUIGNOL

Vingt-vuit ans aux prunes pour vous servir.

M. LANDRÉ

Vingt huit ans, je disais bien que vous n'étiez qu'un fumiste.

GUIGNOL

Taffetaquier.

M. LANDRÉ

Fumiste ou cafetier, ça m'est égal, mais en tout cas un farceur.

GUIGNOL

Mais non, m'sieur, je fais des farces qu'au parmier avril et nous sons encore qu'en mars !

M. LANDRÉ

Quel idiot ! Bachelier ! Vous ne savez pas seulement vos quatres règles.

GUIGNOL

Pardonnez m'sieur, gn'a que la dévision que m'embarrasse à cause de z'effractions.

M. LANDRÉ

L'âne bâté ! Et la géométrie, l'algèbre, la physique, la cosmographie.

GUIGNOL

C'est censément ce qu'on vitre dans le fiermament ?

M. LANDRÉ

Oui, vous n'en avez pas seulement la moindre idée.

GUIGNOL

Que si ben, j'ai souvent reluqué le z'étoiles de ma liquerne avé Madelon. Nous arregardions le grand ours, le petit ours, la charrette de David, et mêmement z'une fois en Bellecour, je me sis payé de coller mes quinquets à la grand'lorgnette de l'astrologue du cheval de bronze.

M. LANDRÉ

Eh bien, qu'avez vous-vu?

GUIGNOL

C'était un drôle d'espétacle. Gn'avait une figure dans la

lune qu'arressemblait quasiment à une tête de veau, et pis pus loin une citrouille dans un cerceau qu'y m'a dit que c'était l'arneau de Ça Turne.

M. LANDRÉ

Il est si bête qu'il m'en amuse. Et Vénus, avez-vous vu Vénus?

GUIGNOL

Non m'sieur, j'aurais ben voulu, pisque c'est z'une de ces canantes... je vous dis que ça ! Mais avé Madelon, faut pas s'écarter du sentier matrimoniable.

M. LANDRÉ

Crétin !

GUIGNOL

A vos souhaits, m'sieur !

M. LANDRÉ

Vénus est une planète que, moi, j'ai vu passer sur le soleil !

GUIGNOL

Ah ! le four à chaux ! N'en a-t-il eu z'une veine. Ça devait être un espectacle fasmagorique.

M. LANDRÉ

Vous croyez ça !

GUIGNOL

Je me le pense !

M. LANDRÉ

Eh bien, pas du tout ! Ça ne valait pas la peine de faire six mille lieues.

GUIGNOL

Vous auriez aussi bien vu de Saint-Genis ?

M. LANDRÉ

Parfaitement ! Figurez-vous que nous partons avec la Commission nommée par l'Institut...

GUIGNOL

Vous n'avez pas peur, m'sieur de manquer le tramway ?

M. LANDRÉ

Je prendrai le suivant. La traversée se passa assez gentiment quoiqu'il y eût bien sur le paquebot un certain nombre de fumistes...

GUIGNOL

Pas de taffetaquiers.

M. LANDRÉ

Ah ! il m'embête, avec ses taffetaquiers. Si vous me le dites encore une fois, je vous colle au bachot !

GUIGNOL

Je sis ben tout collé d'avance avé z'un patron si courrouçable que parle jamais qu'en colère.

M. LANDRÉ

Permettons, c'est que vous m'agacez aussi ! Pour revenir au passage de Vénus, nous arrivons à Suez...

GUIGNOL

Je comprends ça avé c'te chaleur.

M. LANDRÉ

Je crois qu'il veut me raser, l'animal !

GUIGNOL

J'oserais jamais m'sieur, et pis je connais pas le métier de merlan... Alors m'sieur Landré pour c't'affaire de bachot...

M. LANDRÉ

Je vous ai dit que je vous collerais !

GUIGNOL

Eh ben, vrai, je sais pas comment faire pour me démarcourer de ce patrigot ; gn'a qu'à piquer ma tête du Pont de l'Ile-Barbe, ou à m'emboconner, avé de z'allumettes de la compagnie.

SCÈNE VII

GUIGNOL, M. LANDRÉ, MADELON, GNAFRON

MADELON (entrant)

Où est-il ce feignant, ce galavard, ce pillan-Ireau ?

GUIGNOL

Quèque j'entends ? la romance de ma Madelon.

GNAFRON

Té, le voilà, Madelon, y n'esse pas perdu.

MADELON

Que donc que te bricolles là, grande sansouille, à te lantibardaner comme un rentier qu'à rien z'à faire.

GUIGNOL

Te fâche pas, ma fenote !

M. LANDRÉ

C'est votre femme ça, eh bien, je ne vous en fais pas mon compliment !

GUIGNOL

Pace qu'elle est un peu bourriffée ce matin et qu'elle a pas z'eu le temps de se lisser la tignasse et de se mettre de crème Simon sus la frimousse ?

M. LANDRÉ

Oui, elle aurait besoin d'un coup de peigne.

MADELON

Que donc qu'y dit ce marque-mal ?

GUIGNOL

Mais si vous l'aviez vue, M. Landré, le jour de notre

conjungo à Saint-Georges, avé sa robe d'innocence, son nez z'en trompette, son sein parpitant et ses yeux que reluisaient comme de braise sous la cendre, elle z'éclipsait toutes les comètes et toutes les z'étoiles du fiermament.

MADELON

As-tu fini de bajaffler, grand gognand !

M. LANDRÉ

Et puis elle me fait l'effet d'avoir un petit caractère...

GUIGNOL

Doux comme de pâte de jujube ou de sirop Vial de Vaise.

M. LANDRÉ

Il n'y paraît guère.

GUIGNOL

Faut pas se fier aux apparences. Elle prend querquefois des crises de nerfs, des vapeurs et des sycopes...

MADELON

Allons viens-tu, vieille charipe !

GUIGNOL

Mais j'ai z'éventé pour la carmer stantanément un baume tranquille que nous ons baptisé *la paix du ménage*. Pas vrai, Gnafron ?

GNAFRON

Oui, ça fait z'un effet miraculeux.

M. LANDRÉ

Parbleu, je voudrais voir ça.

GUIGNOL

C'est z'une manière de pommade en bâton, pour que cé soye d'une application plus facile. *(Il prend sa trique)* Arregardez-voir c'te racine de guimauve !

MADELON

Si te viens pas, gare aux z'arpions.

GUIGNOL, *(lui donnant un coup de trique)*

Emplâtre mimero un !

MADELON, *(criant)*

Au secours, à l'arssassin !

GUIGNOL, *(tapant plus fort)*

Cataplasme mimero deux !

MADELON

Te veux donc m'écrabouiller, vaurien !

GUIGNOL, *(tapant de plus en plus fort)*

Mimero trois, mimero quatre, mimero cinq, et pis une muche, et pis un topique, et pis un tapsia, et pis un versicatoire, et pis un diachylon.

MADELON

Assez, assez, Guignol ! N'ablage pas ta fenote que t'aime,

que t'adore, que pense jamais qu'à toi, dans ses adorations perpétuelles...

GUIGNOL

Vous voyez, m'sieur, si ça réussit !

M. LANDRÉ

Admirablement, j'en donnerai la recette à quelques amis.

GUIGNOL

Ça vaut mieux censément que le divorce.

MADELON

Eh ! ben ! vrai, t'a ben tapé z'un peu fort.

GUIGNOL

Coquons nous, pauvre vieille ! (*il l'embrasse*) et y n'y paraîtra plus pour la Trinité. Maintenant que t'esses carmée et pas pus méchante qu'une berbis, porquoi que te venais se'cher ton époux fidèle et toujours prêt à z'allumer le chelu de l'hyrménée ?

MADELON

C'était pour te dire que l'ateyer déborde de trame.

GUIGNOL

Pas vrai possible !

MADELON

Gn'a dix commis de ronde qu'attendent à la porte.

GUIGNOL

Ah! nom d'un rat! toutes les canettes de ma coloquinte s'en éboyent de saisissement. Est-ce que la canuserie reprendrait?

MADELON

Y paraît que gn'a z'aeu tant de fêtes, de soirées, et de bals pendant ce carnaval, que s'est dansé tant de quadrilles, de valses, de porkas, de mazurkas, de jupons et de cotillons, que les borgeoises n'en ont dessempillé leurs toilettes qui sont si tellement uses que faudra les refaire pour la mi-carême.

De c'te manière les fabricants n'ont pus de métrages en placard, les commis de nouveauté se lanticanent devant leurs rayons vides, et, y va falloir pousser le battant pour tramer de pièces de rechange qui sarviront pour le bal de la Maison de Ville, chez le nouveau parfait m'sieur Janbon.

GUIGNOL.

Que je te coque encore, Madelon, pour c'te nouvelle que me donne de z'envies de chanter de z'*alleluias*. C'est que voyez-vous, les gones, gn'a encore que la canuserie pour Guignol et Madelon. Je m'y connais mieux qu'à toutes ces rebriques de Farcurtés de Droit, de Lettres, de mélecine, de sciences et d'astronomies que sont pour les gones que n'ont z'évu d'autres porfesseurs que le p'pa Mourguet, son neveu Vuillerme et son compagnon Delisle.

Chacun son méquier, pas vrai, et les veaux seront bien gardés!

Aussi pisque gn'a d'ovrage en magasin, je m'escanne sus ma banquette, en vous faisant de z'escuses de vous avoir ennoyé de mes rêvasseries et de mes gognandises. Seulement pisque tous ces frangins d'étudiants se sont mis dans la coloquinte l'idée de réganiser une assorciation d'assistance murtuelle pour tirer de peine les pauvres cavets que piauterraient dans le gaillot des tarabustements et de la misère, j'étais content d'être ben aise de leur faire peter la miailie en leur z'y disant : Bon courage les gones ! du haut de sa banquette sa demeure darnière Guignol n'esse content de vous !

GNAFRON

Dis donc, Chignol, depis le temps que te bajaffes, te dois avoir le gozier sec comme un cent de picarlats?

GUIGNOL

Aussi nous allons licher un coup à la santé de tout ce monde; te n'as pas fini ta bouteille ?

GNAFRON

Gn'en restera juste de quoi trinquer.

GUIGNOL

Vous voulez ben faire de collagne avé nous, M'sieur Landré?

M. LANDRÉ

Volontiers, quoique vous m'ayez fait enrager tout à l'heure avec votre « taffetaquier. »

GUIGNOL

C'était pour de rire, et pis on sait ben que vous n'avez pas pus de rancune qu'un pillot.

GNAFRON

Te vas pas z'oublier la musique, je pense! Ça fait mieux glisser le Brindas.

GUIGNOL

Renifle-moi ce couplet de circonstance.

(Sur l'air qu'on voudra)

En tirant notre révérence,
A c'te n'horable société,
Nous vons demander l'indurgence
De Messieurs de la Farcurté.

Si nous collaient des boules noires,
Ça nous ferait z'une émution,
Que Gnafron n'en perdrait le boire
Et Madelon son batillon.

Faut donc nous donner quèques claques,
Pour z'éviter ce grand malheur
Et nous pourrons chanter en chœur
Le vieux refrain des bistenclaques.

Attention au mouvement, les gones! une, deusse, troisse, quatre.

Guignol bat la mesure avec sa trique en frappant les deux derniers temps sur la tête de Gnafron et de Madelon.

CHŒUR

Allons au Brotteaux, ma mie Jeanne!
Allons au Brotteaux
Car il fait beau!
Nous y chiquerons une salade
Nous y danserons
Un rigodon.

Rideau.

www.ingramcontent.com/pod-product-compliance
Lightning Source LLC
LaVergne TN
LVHW050636090426
835512LV00007B/877